Paul H. Jung

Zehn Gebote für Fußballgötter

Paul H. Jung

Zehn Gebote für Fußballgötter

Zeichnungen von E. Kallus

1. Auflage 1998
Zeichnungen E. Kallus

ISBN 3-932079-12-4

Kleine Kulturgeschichte des Fußballs

So kam der Mensch zum Fußball

Die Tage des Urmenschen waren hart und unbarmherzig. Ebenso war der Mensch. Auf seinem Weg zum Homo ludi fußballensis, der Spezies des modernen spielenden Menschen, mußte er Entwicklungsstufen hinter sich bringen, die seinen Ursprung vom mörderischen Bruder Affen verdecken sollten.

Im Vordergrund der Urmenschen-Existenz stand das Überleben. Entweder er oder sein Feind. War die Frage geklärt, dann wurde der Feind aufgefressen, um sich seiner Kraft, seiner Intelligenz und vor allem seiner Potenz zu bemächtigen. Das war sinnvoll und ökonomisch. Die biologische Verwertung des erschlagenen Feindes fand auf der Stufe des Homo ludi fußballensis eine entscheidende Variation, die den barbarischen Urahn endgültig zum Menschen werden ließ. Die abgenagten Schädel der erschlagenen Feinde landeten nicht mehr einfach auf der Müllhalde der Geschichte, sondern inspirierten den Urmenschen zum Spiel. Die moderne Spielforschung leitet aus diesem Ursprung des Fußballs die immer wieder aufblitzende Aggressivität, Wildheit und Zerstörungswut des zivilisierten Menschen ab. Nur gehen die Fußballer heute nicht mehr dazu über, ihre besiegten Gegner aufzufressen. Im Zeitalter von AIDS, Rinderwahnsinn, Schweinepest, Raucherlunge und Fettherz auch nicht unbedingt gesundheitsfördernd.

Das Spiel der Götter

Schon die alten Ägypter hatten den Ball als Element des Gottesdienstes in ihren mythischen Ritualen untergebracht. Die jüngsten Forschungen belegen eindeutig den Zusammenhang zwischen Spiel und Gottesdienst.

Die alten Ägypter müssen es auch gewesen ein, die das barbarisch-zynische Spiel des Urmenschen mit der Beute in kultivierte Spielformen brachten. Die Hieroglyphe von Xanthos, die erst vor wenigen Monaten von Butzbacher Amateur-Archäologen gefunden wurde, zeigt einen Wächter des Spiels, der einem Hohepriester gleich das Amt des „Schiedsrichters" ausübte. Im Tal der Könige sind auch kleine Altäre gefunden worden, auf denen die Meister des Pyramidenballs aufgezeichnet sind.

Die Hieroglyphe von Xanthos beweist eindeutig, daß die Ursprünge des Fußballspiels nach Wettkampf-Regeln und in einem Ligabetrieb im alten Ägypten zu suchen und zu finden sind. Dieser neue Blick auf die ägyptische Hochkultur wird zu revolutionären Neubewertungen der bisher dem Götter- und Pharaonenkult zugeordneten Grabdenkmäler und Grabbeigaben führen. Pyramiden sind nicht länger als Gräber der Herrscher, Feldherren und Könige, sondern der Könige des Spiels, der Fußball-Götter des alten Reiches am Nil zu verstehen. Die Verehrung der ägyptischen „Fans" war so gewaltig, daß sie sich nicht scheuten, in Sklaven-Diensten einen

Großteil ihres armseligen Lebens dem Bau der letzten Ruhestätten ihrer zu Lebzeiten in den Status eines Pharaonen-Gottes erhobene Götter des Fußballspiels zu widmen.

Die ägyptische Fußball-Kultur findet allerdings ein abruptes Ende, als in den Kulturen des nördlichen Mittelmeeres der Pyramidenball durch den Rund-Ball abgelöst wurde. Damit konnte der Lauf des göttlichen Balls, der in seiner Pyramidenform schwer zu berechnen war, einfacher beherrscht und damit auch von primitiveren Kulturen gespielt werden.

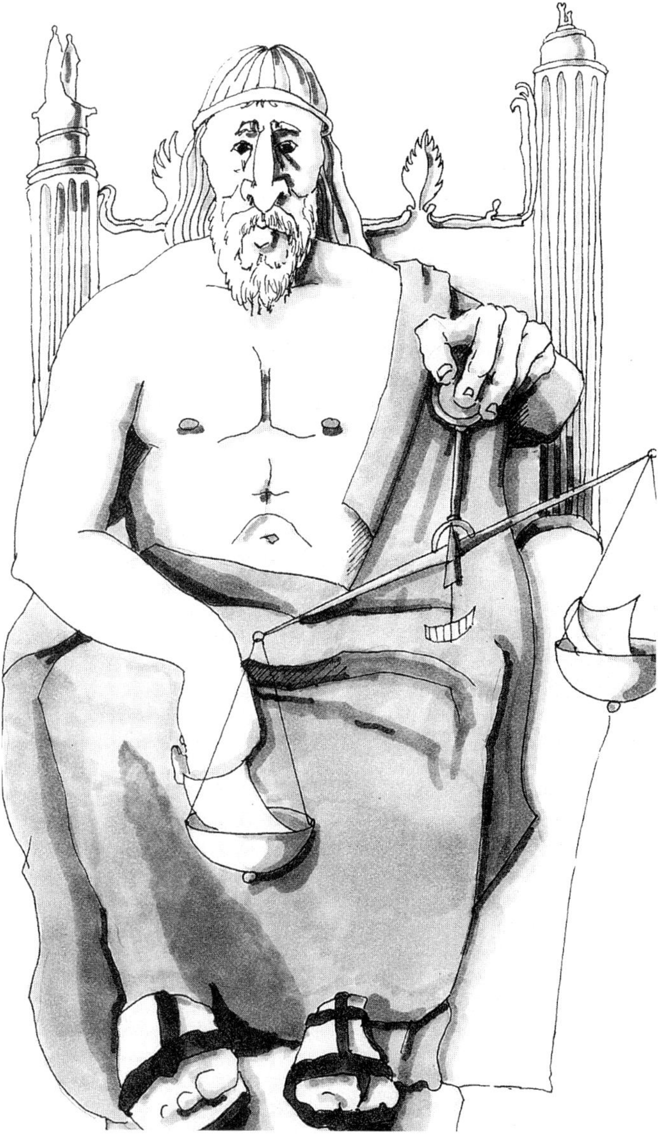

Die Waage des Zeus

Die Griechen haben neben den Olympischen Spielen zu Ehren der Götter auch dem Fußballspiel gehuldigt. Allerdings in starker Vorbestimmung durch das Schicksal, das die Götter und Menschen beherrschte.

Die Schlacht um Troja zwischen Griechen und Trojanern war im Kern eine Auseinandersetzung zweier Fußballnationen, die um die Herrschaft in den Stadien des Mittelmeerraums rangen.

Die Trojaner hatten den Griechen bei einem Freundschaftsspiel den Pokal der Helena, die höchste antike Fußball-Trophäe, geraubt und nach Troja entführt.

Ein Wandgemälde im Palast von Panatinaikos zeigt den das Schicksal befragenden Zeus. Sieg oder Niederlage der beiden Fußball-Heroen Achill und Hektor vor dem entscheidenden Kampf werden durch das Fatum bestimmt, das Zeus durch die Lose in seiner Schicksalswaage erfragt.

Das Losverfahren im Fußball hat sich in abgewandelter Form bis in unsere Tage erhalten. Allerdings werden bei heutigen Auslosungen nicht mehr Waagschalen, sondern Gurkengläser verwendet.

Adams Sündenfall

Von besonderem Reiz sind die Erklärungen der Bibel zur Seinswerdung des Menschen als Fußball-Spieler. Kleine Ewigkeiten lang hatte Adam sich standhaft geweigert, den Verlockungen seines Weibes zu erliegen und den Apfel vom Baum der Erkenntnis zu pflücken. Alten Erklärungen, Adam sei dem nackten Sein seiner Eva erlegen und somit des Paradieses verlustig gegangen, widersprechen neue Bibel-Deutungen. Konnte Adam den Verlockungen der Erkenntnis und damit auch der Nacktheit seines Weibes noch männlich Widerstand leisten, so war er seiner Mannhaftigkeit sofort beraubt, als Eva den Ball im Baum der Erkenntnis versteckte, um Adam aus dem Paradies ins Stadion zu treiben.

Auslöser dieses Betrugs des Weibes, das damit auch den Mann an den Ball verlor, war die Schlange, die der Langeweile und Reizarmut des Paradieses nur durch die pralle Lust und Lebensfreude eines Fußball-Spiels glaubte entkommen zu können. Da sich nach freudscher Bibelforscher hinter der Schlange die teuflische Seele der Frau verbirgt, leitet sich aus diesem biblischen Geschehen das Spiel zwischen Mann und Frau als eine Verlagerung der trieblichen Bindung des männlichen Kindes an seine Weib-Mutter aus dem Urerlebnis der Erkenntnis des spielenden Mannes durch den paradiesischen ab. Mit allen seinen fatalen Folgen für die Weltgeschichte des Mannes und damit der Menschheit.

Sodom und Gomorrha

Die Bibel berichtet von einem letzten Versuch Gottes, den Siegeszug des Fußballs durch die Vernichtung der beiden Städte Sodom und Gomorrha aufzuhalten. Die Sünden der Menschen in diesen Städten bestanden im Grunde in einem extremen Fußball-Fanatismus, der sie in die Verachtung der göttlichen Gesetze, die Moses später seinem Volk zur Unterdrückung des Rauschs und der Lust auf eherne Tafeln schrieb, getrieben hatte.

Eines Tages befahl Gott seinem treusten Anhänger Lot, die beiden im Fußball-Rausch versinkenden Städte zu verlassen und sich eine weniger fanatische Gemeinde zu suchen. Lot, ein stummer Befehlsempfänger, gehorchte seinem Herrn und verließ seine Heimat. Lots Frau aber war eine sehr lebensfrohe und vor allem fußballbegeisterte Frau, die sich nicht von ihrem geliebten Sport trennen konnte. Voll Wehmut und Sehnsucht drehte sie sich also um und wollte einen letzten Blick auf die Stätte der sportlichen Triumphe ihres Vereins werfen. Damit hatte sie Gottes Befehl gebrochen und erstarrte zur Salzsäule.

Nach der Vernichtung der beiden Fußball-Metropolen fiel es dem Fußball viele Jahrhunderte schwer, wieder zur alten Blüte zurückzufinden. Die Drohung mit der Salzsäule hatte sich tief in die Köpfe und Herzen der Menschen eingegraben.

Aber der Siegeszug des Balls war auch durch solche barbarischen Akte der Gewalt nicht aufzuhalten. Im Gegenteil, die Stadien haben im Laufe der Jahrhunderte den Kirchen und Tempeln den Rang abgelaufen. Seitdem zelebrieren die Menschen in den Tempeln und Kathedralen des Fußballs den Hymnus des göttlichen Spiels voll Inbrunst.

Auf den folgenden Bildern sieht man Darstellungen der Teufels-Masken und Engels-Ikonen, die den biblischen Ursprung des Spiels symbolisieren. Auch der berühmte Tanz ums Goldene Kalb war im Grunde ein archaischer Tanz um einen ersten Coup Rimmee, den der alternde Moses in seiner ehernen Bindung an die vom Berg herabgeschleppten alttestamentarischen Steintafeln voller Verblendung zerstörte.

VfL

Fussballrausch im Mittelalter

In den deutschen Städten und Gemeinden des hohen Mittelalters fand der Fußball seine rauschhafteste und chaotischste Variante. In den engen Strassen der mittelalterlichen Städte trieben ganze Horden von Jungen, Alten, Mädchen, Buben... einen Stoffball durch die Gassen, Regeln gab es nicht, jeder spielte gegen jeden oder mit jedem, alle waren nur hinter dem Ball her und traten ihn, wohin sie ihn gerade treten wollten. Das Spiel war nur auf rauschhafte Freude angelegt. Keine Regel engte den Spaß am Spiel ein oder führte zur Notwendigkeit eines Schiedsrichters.

Ein Spiel der Regellosigkeit setzte allerdings ein hohes Maß an Eigendisziplin voraus. Schließlich sollten keine schwer verletzten oder gar toten Spieler die Straßen säumen. Ein Spieler war nämlich immer zugleich auch ein Mitbürger, der im täglichen Alltag Nachbar blieb und nicht Gegner.

Weitere Formen des ungeregelten Spiels finden sich in den australischen „Bowles", dort erkennt man den Ursprung des Spiels in der Arena: Die Innenhöfe der Gefängnisse dienten den Aufsehern dazu, ihren Gefangenen eine Möglichkeit zum hemmungslosen Sich-Austoben zu verschaffen. Dort kämpften die wie Tiere eingepferchten Gefangenen gegen den Ball, den Gegner und gegen die eigene Kraft, bis sie erschöpft, aber zufrieden zu Boden sanken.

Die Entstehung des modernen Spiels

Auch auf der Insel, die sich gerne als das Mutterland des Fußballs brüstet, eine Überheblichkeit, mit der die alten imperialen Sehnsüchte der Briten nur mühsam kaschiert werden konnte, wurden die regellosen Rausch-Spiele über Jahrhunderte gepflegt. Die Entdeckung der Evolutionstheorie durch Darwin und die Erkenntnis, daß der Mensch vom Affen abstammt, führte die Briten zu dem Ergebnis, daß ihre „Affen“ für das regellose Rausch-Spiel ziemlich ungeeignet waren und einer Disziplinierung bedurften. Der aggressive Charakter der Briten, der nicht immer unter der Maske des Gentleman verborgen werden konnte, erzeugte dramatische Entgleisungen, die Ende des 19. Jahrhunderts dazu führten, daß die Engländer für ihre Rauhbeine und Treter ein Regelwerk einführten, in dem sie alles mit der ihr angeborenen Pedanterie in Paragraphen faßten, was das ungeregelte, aber von gegenseitigem Respekt bestimmte Spiel beenden sollte. Zur gleichen Zeit gründeten sie die ersten Fußballvereine, um ihrem Bedürfnis nach Vereinsmeierei Rechnung zu tragen. Die Engländer sind also nicht die Erfinder des Spiels, sondern diejenigen, die die Zwänge der Regeln, die Notwendigkeit des Schiedsrichters, überhaupt die Beendigung der Freiheit des Spiels zu verantworten haben.

Fazit

Aus der Geschichte des Fußballs läßt sich sein Wesen ableiten. Die archaische Urstruktur erklärt das Verhalten von Menschen, die auf dem Fußballplatz, im Stadion oder vor dem Fernseher die Kontrolle über ihre Sicherheit verlieren und wieder zu den alten „Affen“ werden, von denen sie ihre Abstammung ableiten. Der Antagonismus zwischen Gut-Böse, Himmel und Hölle, Paradies und Erdenqual, Engel und Teufel erklärt sich ebenfalls aus der Entwicklung des Menschen und seines Kultur-Guts Fußball.

Diese kleine Kulturgeschichte des Fußballs begründet die folgenden 10 Gebote des modernen Spiels, die jeder beachten muß, der ein von der Menschheit umjubelter Fußball-Gott werden will.

Zehn Gebote für Fußball-Götter

1. Gebot

Ich bin der Herr des Fußballs – ein Gott. Ich dulde keine Götter neben mir!

Das erste Gebot des Fußballs bestimmt dein Verhalten auf dem Rasen und im täglichen Leben. Wer will es wagen, einem Fußball-Gott, den Millionen von Menschen anhimmeln, verehren und anbeten, Vorschriften zu machen, ihm Grenzen zu setzen, ihn wie einen normalen Menschen zu behandeln.

Der Fußball-Himmel ist aber auch ein Viel-Götter-Himmel, in dem jeder versucht, der größte Gott zu sein. Die vielen Götter verkraftet aber nur das monotheistische Modell des Fußballs: In jeder Mannschaft kann es nur einen Gott geben. Über diesen kleinen Göttern stehen die der Liga, die des Landes und ganz oben die wenigen Fußball-Götter der Welt. Ihnen liegt der Globus zu Füßen und betet voll Inbrunst für das Wohl und Wehe des einzigen Gottes.

Wenn einzelne Gottheiten ihre Tempel zu dicht nebeneinander aufgeschlagen haben, dann sind Konflikte und harte Auseinandersetzungen nicht zu vermeiden. Götter dulden, das sagt schon die Bibel, keine Götter neben sich. Sie sind einzig, meinen sie, bis sie eben auf einen anderen oder neuen Gott stoßen. Das ändert aber nichts am Prinzip: Jeder will schließlich der Größte sein. Und was ist schon größer als ein Gott?

Steht auf
wenn ihr...
Schau
mer
mal...

2. Gebot

Du sollst niemals Angst vor deinem Gegner haben und nicht in Ehrfurcht vor ihm erstarren!

Fußball ist ein Männersport – er formt den ganzen Kerl! Echte Fußballer sind ganze Kerle, die Schmerzen und Gegner verachten.

Männer weinen nicht. Das Krankenhaus ist ihre zweite Heimat!

Ein ganzer Kerl verliert nicht, hat keine Angst vor seinem Gegner, gibt niemals auf und – vergibt nie!

Im Fußball lernst du alles, was du als ein ganzer Kerl im Leben brauchst: Treten - Schlagen - Betrügen - Spucken - Beißen - Lügen - Verachten - Beleidigen... Eigentlich alles, was dir im normalen Leben helfen kann, immer der Erste, der Sieger, der Top-Winner, der Star, der Größte zu sein.

I am the champion, lautet die Parole, der Jubelgesang von den Rängen.

Folge dem Ruf! Greife deinen Gegner an. Riskiere alles. Jedes Mittel sei dir recht, wenn es um den Sieg, die Meisterschaft, den Pokal oder auch nur darum geht, deinem Gegner klar zu machen, daß er einfach nur ein Hosenscheißer ist, der gegen dich ohne jede Chance ist.

Play Fair

vor

3. Gebot

Vergib deinen Gegnern nie. Denn sie wissen genau, was sie tun!

Im Fußball lernst du, wie du mit aller Energie auf einen Gegner draufgehst - ihn einschüchterst - ihn austrickst - ihn lächerlich machst - ihm Angst einjagst - ihn bedrohst, ja sogar verletzt - ihn beleidigst - ihn ausschaltest und dafür sorgst, daß er nur auf einer Bahre den Platz verlassen kann.

Elf Freunde müßt ihr sein, um Siege zu erringen.

Vergiß diesen Spruch aus einem moralischen Zeitalter. Er wird dich nur daran hindern, deine Möglichkeiten zur vollen Entfaltung zu bringen, der Beste, der Erste, der Einzige zu sein. Auf dem Fußballplatz hast du keine Freunde.

Nicht nur deine Gegner sind deine Feinde. Deine gefährlichsten Feinde stehen dir sogar am nächsten. Es sind deine eigenen Mannschaftskameraden! Sie begehren deinen Platz in der Mannschaft. Sie wollen dich vom Platz fegen. Deshalb verhindere den Erfolg deiner Mannschaftskameraden – mit allen Mitteln. Behandele sie so wie du deine Gegenspieler behandelst. Jedes Mittel sei dir recht.

Du bist der Beste, der Einzige, der Größte. Das gibt dir das Recht, deine Konkurrenten aus dem Feld zu stoßen.

4. Gebot

Du sollst die Spielregeln mißachten, denn sie hindern dich am Erfolg!

Dieses Gebot erfordert intelligente und clevere Spieler. Schließlich darf es dem Schiedsrichter und seinen beiden Assistenten nicht einfach gemacht werden, gegen dich zu entscheiden, wenn du die Regeln zu deinem Vorteil nicht beachtet hast.

Deshalb lernst du im Fußball, daß es nützlich ist, immer im Verborgenen oder hinter dem Rücken des Schiedsrichters deinen Gegner zu bearbeiten.

Du mußt also auch die hohe Kunst der moralischen Täuschung beherrschen, indem du etwa deinem Gegner, den du gerade brutal zu Boden getreten hast, scheinheilig freundlich auf die Beine hilfst - damit du keine gelbe Karte bekommst oder gar den Platz verlassen mußt.

Du lernst im Fußball, daß auf dem Platz zwischen 22 Spielern nur ein Schuldiger rumläuft, nämlich der Schiedsrichter. Spieler sind immer unschuldig. Sie kommen nur professionell ihrem Sport nach. Fußballspieler spielen niemals brutal oder foul – immer nur erfolgreich. Du lernst also, daß du bei allem, was du auf dem Platz mit deinem Gegner anstellst, immer unschuldig bist.

Solltest du einmal bei einer deiner Untaten nachträglich als Unhold entlarvt werden, wird dich kein Fußballer oder echter Fan auch tatsächlich verurteilen oder verachten. Im Gegenteil, du wirst als ein besonders trickreiches oder raffiniertes „Schlitzohr“ im Ansehen deiner Fans steigen. Vorausgesetzt, deine Untat hat dir und deiner Mannschaft einen Vorteil eingebracht oder sogar den Sieg gesichert.

5. Gebot

Du sollst deine Fans verehren wie sie dich selbst. Für sie bist du ein Gott.

Der Zuschauer im Stadion oder am Bildschirm ist unverzichtbar. Er ist ein Mensch im Zustand des Rausches, der mit seinem schwer verdienten Geld dein göttliches Gehalt bezahlt! Eine willige Zitrone, die du zur Mehrung deines Wohlstands auspressen kannst!

Sicher, ohne Zuschauer ist ein Fußballer ein Nichts, aber ohne Fußballer gibt es auch keine Zuschauer. Zuschauer teilen sich in Einheimische oder Auswärtige, in Nationale oder Ausländische, in Friedliche oder Gewalttätige – überhaupt in alle Variationen der Spezies Mensch ein.

Zuschauer im Fußball sind aber immer Experten. Du lernst als Zuschauer also, daß du auch dann, wenn du gar keine Ahnung hast, recht hast. Denn Fußball-Zuschauer oder Fans sind immer Experten, das ist wie ein Naturgesetz.

Außerdem lernst du, daß der Mensch als Zuschauer ein brüllendes Ungeheuer werden kann und notwendig wird, wenn er im Stadion versammelt ist. Besonders nützlich sind Brüll-Orgien, die gegen den Gegner und seine Anhänger gerichtet sind.

Brüllen befreit die Seele und schüchtert den Gegner ein.

6. Gebot

Das Stadion gehört dir – sein Reich ist deine Macht! Gewalt ist immer ein Problem der anderen.

Fußballstadien sind im Grunde nichts anderes als zivilisierte Reviere, die sich unsere Vorfahren im Alltagskampf in der Natur abstecken mußten. Jeder Eindringling mußte den Angriff der Revierinhaber fürchten.

Im Fußball ist das nicht anders. In jedem Stadion herrscht eine Mannschaft und wird in ihrem Herrschaftsanspruch von ihren Fans handfest und brüllend unterstützt. Man nennt so etwas auch Heimvorteil.

Der Kampf um die Macht im Stadion findet aber oft nicht nur auf dem Rasen, sondern auch auf den Tribünen oder sogar vor den Stadien statt. Diese Revierkämpfe gehören zum Fußball wie der Ball und das Trikot. Wer an diesen Kämpfen teilnimmt, lernt fürs Leben. Er lernt, daß ihm niemand seine Macht in seinem Revier streitig machen darf, auch nicht die Polizei und die Ordner, die genauso bekämpft werden müssen wie der Gegner und seine aggressiven Anhänger. Der Heimvorteil ist eine eindeutige Sache. Er liegt in deiner Faust.

Jeder junge Rothirsch muß lernen, wie aus ihm einmal ein Platzhirsch werden soll, vor dem jeder zittert und zagt. Nur als Platzhirsch kommst du an das Ziel deiner Wünsche. Im Fußball ist das nicht anders.

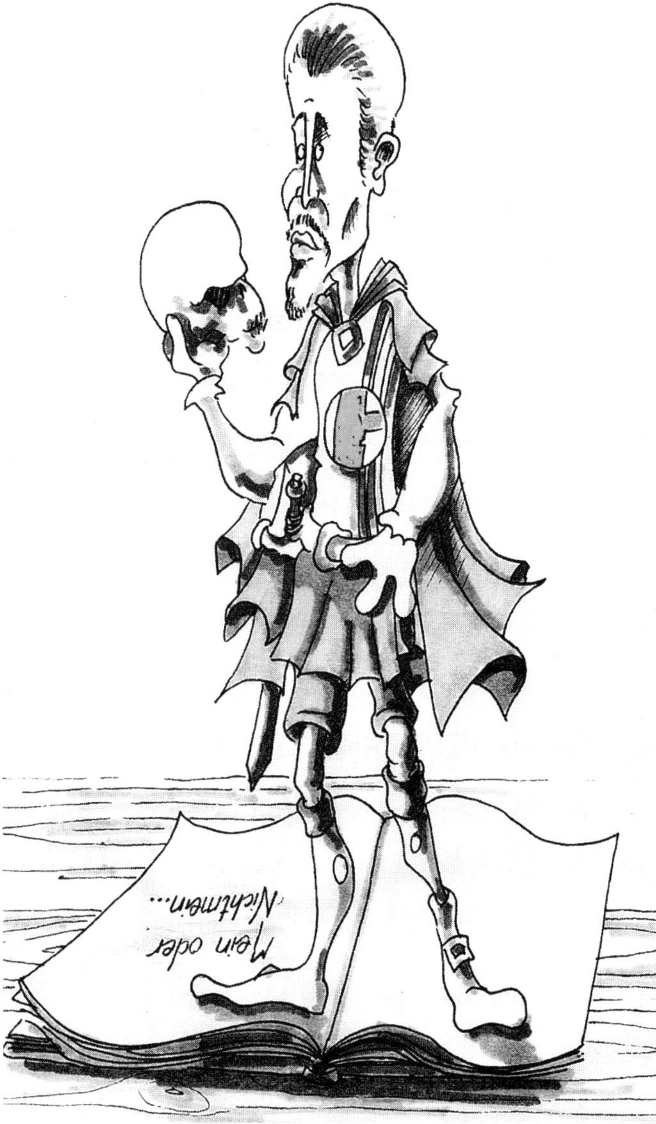
Mein oder
Nichtmein...

7. Gebot

Das Stadion ist ein Theater! Der Schein des Seins ist das Sein des Scheins!

Schon Wilhelm Schüttelbier, der begnadete englische Linksaußen, formulierte im 16. Jahrhundert die Wesensfrage des Fußball-Theaters: Mein oder nicht mein? Gemeint war das göttliche Leder, das nur im eigenen Besitz den Erfolg bringen konnte.

Besonderen Stellenwert hat der Altvater des theatralischen Gestus, des raffinierten Effekts, der Ausdrucksfähigkeit der Spieler gewidmet.

Die Sprache des Schmerzes, wenn ein Gegner dich nur leicht berührt hat, der Gestus der Scheinheiligkeit, mit der du deine Unschuld beteuerst, obwohl du deinem Gegner schwer in die Glieder gefahren bist, der Ausdruck grenzenloser Naivität beim Herausschinden eines Elfmeters, den du durch einen wunderschönen Schwalbenflug erzielt hast. Das sind theatralische Grundfähigkeiten eines überragenden Spielers, die du zur Illusion einer für dich günstigen Situation auf dem Spiel-Feld hervorragend verwenden kannst.

Das Theater findet allerdings dort sein Ende, wo es durchschaut wird. Dann wird der Schauspieler zum von allen erkannten Betrüger. Und das mögen die Zuschauer auf den Rängen nicht, denn mit dem ertappten Betrüger will man nichts zu tun haben. Nicht weil man ihn moralisch verurteilt, sondern weil er die Schauspielkunst nicht beherrschte.

BRAVO

DA CAPO!

HINTERTÜR ?
VERT

8. Gebot

Du sollst keine Verträge einhalten. Handle immer zu deinem Vorteil.

In früheren Zeiten wurden Verträge und Abmachungen per Handschlag rechtskräftig. Das funktionierte sogar, denn derjenige, der sich an diese symbolischen Abkommen nicht hielt, wurde geächtet. Heute ist das im Profisport ganz anders und fortschrittlicher. Eigentlich genau umgekehrt. Der Dumme ist in der Regel der, der sich an seine Unterschrift hält und Vertragstreue zeigt.

Aber selbst dann, wenn ein Spieler Moral zeigt und dem Verein die Treue hält, kann das kein Hindernis auf dem Weg zur Überwindung eines ungeliebten Vertrags sein: Der Spieler muß sich nur dazu aufraffen, möglichst viele schlechte Spiele abzuliefern und seinen Verein an den Rand des Ruins zu treiben. Dem Spieler wird aus diesem Verhalten kein Nachteil entstehen, wenn er seinen zukünftigen Arbeitgeber rechtzeitig von seiner plötzlichen Formschwäche informiert.

Ist der neue Vertrag erst einmal unter Dach und Fach, kannst du auch wieder Höchstleistungen auf dem Spielfeld vollbringen.

9. Gebot

Du sollst nicht ehebrechen! Triebe unterliegen der totalen Kontrolle, außer im Trainingslager

Dieses Gebot klingt, als ob es den alttestamentarischen Steintafeln entnommen sei. Es ist aber ein höchst modernes, da leistungsförderndes Gebot. Spieler, die dieses Gebot häufig brechen, geraten aufgrund ihrer ungeregelten Triebabfuhr in Trainingsrückstände, weil sie immer wieder aus fremden Betten krabbeln müssen.

Spieler, die immer aus dem gleichen Bett ihrer bekannten Ehefrau kriechen, gewöhnen sich an Disziplin und Ordnung.

Mit der gleichen Ehefrau werden auch gewöhnlich gleiche Stellungen verbunden, ein Verhalten, daß zur taktischen Schulung im Training eingesetzt werden kann.

Auf diese Weise lernt auch der durch Sexualität und Trieb gefährdete Spieler, wie man eine Stellung einnimmt und hält, weil sie der Trainer so verordnet hat.

Rücksprachen der Trainer mit den Ehefrauen und Freundinnen der Spieler über die Einübung der Stellungen sollten den Prozeß vertiefen.

Enthaltsamkeit, also Verzicht auf Trieberfüllung, widerspricht dem Sinn des Spiels, das in seinem Ursprung schließlich dem Trieb entsprungen ist.

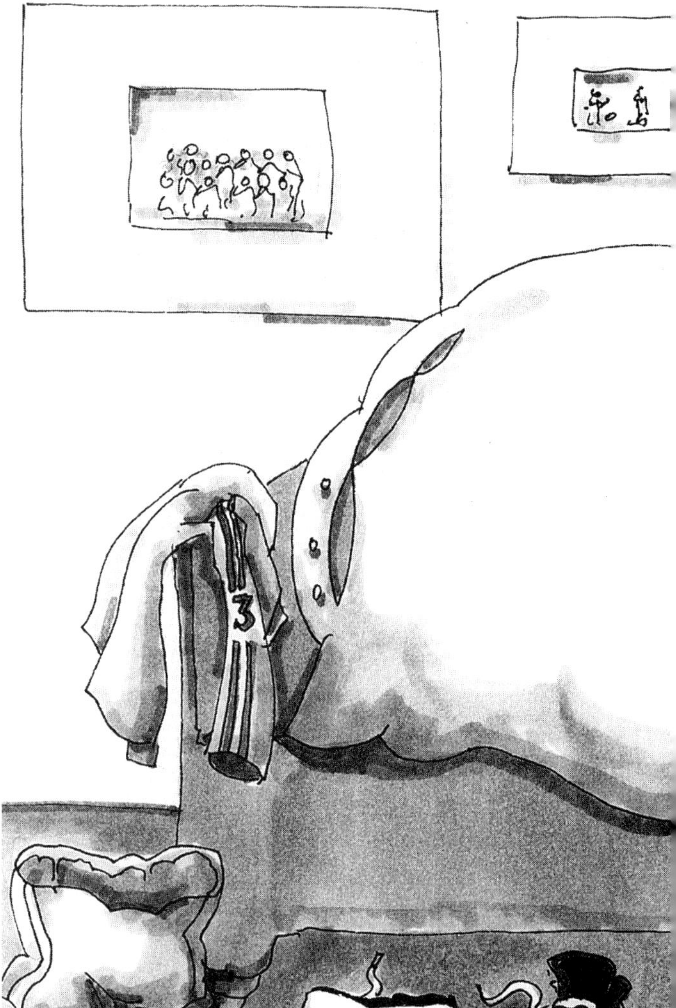
3

Seufz!

10. Gebot

Du sollst deinen Trainer lieben wie dich selbst! Aber nur, solange du nicht auf der Ersatzbank sitzen mußt.

Trainer sind unverzichtbar. Nicht deshalb, weil ohne Trainer ein Fußball-Spiel nicht funktionierte, sondern weil man nur dem Trainer die Schuld für schlechte Spiele und Tabellenplätze zuschieben kann.

Der Trainer steckt in der gleichen Rolle wie der Schiedsrichter: Läuft das Spiel gut für dich und deine Mannschaft, dann waren auch Trainer und Schiri gut. Läuft es nicht in deinem Sinne, dann liegt die Schuld natürlich bei der Schwarzen Sau oder dem Schwarzen Schaf. Dieser Tatsache widerspricht auch nicht der erfolglose Wechsel des Trainers, auch nicht der Austausch des bisher erfolglosen Trainers durch einen bisher sehr erfolgreichen Trainer.

Niemals kann die Mannschaft an schwachen Leistungen der Mannschaft liegen. Immer nur am Trainer. Wenn diese Schuldzuweisung nicht funktioniert, weil alle den Trainer für einen guten halten und dich für einen schlechten Spieler, dann suche dir einen anderen Sündenbock - z.B. die Vereinsführung, die deine Seelenlage nicht einschätzen kann und dir immer noch keinen besser bezahlten Vertrag angeboten hat.

„Sinnloser als Fußball ist nur noch eins: Nachdenken über Fußball“

Martin Walser